Elisabeth Vorspohl
Johannes Vorspohl

Die wichtigsten digitalen Tools

für Einstieg, Erarbeitung und Sicherung

Deutsch

sinnvolle Einsatzmöglichkeiten für jede Unterrichtsphase

Cornelsen

Alle aufgeführten Systeme und Tools stellen nur Beispiele für die Unterrichtsgestaltung dar. Bitte stimmen Sie sich mit Ihrer Schulleitung dazu ab, welche Systeme oder Tools an Ihrer Schule im Rahmen der Unterrichtsgestaltung genutzt werden dürfen.

Projektleitung: Dorothee Weylandt, Berlin
Redaktion: Katia Simon, Essen
Umschlaggestaltung: Corinna Babylon/Jule Kienecker, Berlin
Illustrationen (Cover): Shutterstock.com/karnoff
Layout Innenteil: krauß-verlagsservice, Ederheim/Hürnheim
Technische Umsetzung: Straive

www.cornelsen.de

1. Auflage 2021

© 2021 Cornelsen Verlag GmbH, Berlin

Das Werk und seine Teile sind urheberrechtlich geschützt. Jede Nutzung in anderen als den gesetzlich zugelassenen Fällen bedarf der vorherigen schriftlichen Einwilligung des Verlages. Hinweis zu §§ 60a, 60b UrhG: Weder das Werk noch seine Teile dürfen ohne eine solche Einwilligung an Schulen oder in Unterrichts- und Lehrmedien (§ 60b Abs. 3 UrhG) vervielfältigt, insbesondere kopiert oder eingescannt, verbreitet oder in ein Netzwerk eingestellt oder sonst öffentlich zugänglich gemacht oder wiedergegeben werden. Dies gilt auch für Intranets von Schulen.

Druck: AZ Druck und Datentechnik GmbH, Kempten

ISBN 978-3-589-16816-3

PEFC zertifiziert
Dieses Produkt stammt aus nachhaltig bewirtschafteten Wäldern und kontrollierten Quellen.
www.pefc.de

INHALTSVERZEICHNIS

Inhalt

Einleitung		4
Übersicht über alle vorgestellten Tools		6
1	**EINSTIEG**	8
1.1	Vorwissen aktivieren mit Wooclap	8
1.2	Assoziationen sammeln mit Wortwolken	11
1.3	Mindmaps erstellen mit Popplet	14
1.4	YouTube-Videos einsetzen mit NicerTube	16
2	**ERARBEITUNG**	18
2.1	Kollaboratives Arbeiten mit Padlet	18
2.2	Kollaboratives Schreiben mit ZUMpad	21
2.3	Binnendifferenzierung durch QR-Codes	24
2.4	Digitale Kartenabfragen mit ONCOO	27
2.5	Argumente sammeln und bewerten mit tricider	31
2.6	Kurze Blogeinträge verfassen mit telegra.ph	33
2.7	Eigene Texte als Minibook gestalten	35
2.8	Schaubilder erstellen mit draw.io	37
2.9	Videos interaktiv einsetzen mit EdPuzzle	39
2.10	Mindmaps kollaborativ erstellen und präsentieren mit MindMeister	41
3	**SICHERUNG**	44
3.1	Textverständnis sichern mit Learning Snacks	44
3.2	Ergebnisse sichern mit Mentimeter	47
3.3	Ergebnisse visualisieren mit Explain Everything	50
3.4	Fachbegriffe üben mit Quizlet	52
3.5	Spielerisch Wissen überprüfen mit Kahoot!	55
3.6	Wissen anwenden mit LearningApps	57

EINLEITUNG

An der Digitalisierung des Deutschunterrichts führt kein Weg vorbei. Durch die Verankerung der Medienkompetenzen in den Lehrplänen der Länder wurde die rechtliche Grundlage geschaffen. Die Frage lautet nicht mehr, *ob* eine stärke Digitalisierung des Unterrichts nötig ist, sondern *wie* diese umgesetzt wird. Digitalisierung bietet vor allem dann Vorteile, wenn sie Schülerinnen und Schüler stärker als bislang aktiviert und mehr in den Unterrichtsprozess einbindet.

Der vorliegende Band stellt verschiedene digitale Tools für die Einstiegs-, die Erarbeitungs- und die Sicherungsphase im Deutschunterricht vor.

Bei der Auswahl wurde darauf geachtet, dass die Tools einen Mehrwert gegenüber der analogen Variante bieten, indem sie beispielsweise alle Lernenden interaktiv einbinden, kognitiv aktivieren oder die Zusammenarbeit untereinander fördern.

Viele Schulen haben mittlerweile Klassen eingerichtet, in denen das Tablet zum alltäglichen Lehr- und Lernmittel gehört. Andere Schulen stellen den klassischen Computerraum oder mobile Tablet-Koffer zur Verfügung. Die ausgewählten Tools lassen sich unabhängig von diesen unterschiedlichen Rahmenbedingungen der Schule einsetzen. Viele Tools können über den Webbrowser geöffnet oder als App – falls über Android oder iOS verfügbar – heruntergeladen werden. Teilweise ist daher die Nutzung auch über das Smartphone möglich, sofern die Hausordnung der Schule den Einsatz privater Endgeräte erlaubt.

Zudem wurde bei der Auswahl darauf geachtet, dass die meisten Tools möglichst ohne eine Anmeldung der Schülerinnen und Schüler nutzbar sind und eine Eingabe individueller Daten nicht erforderlich ist. Nichtsdestotrotz ist bei jedem Tool eine datenschutzrechtliche Prüfung durch einen Abgleich mit den jeweiligen Landesbestimmungen nötig oder möglicherweise die Zustimmung der Erziehungsberechtigten notwendig.

Die vorgestellten Tools lassen sich in verschiedenen Unterrichtsphasen und Sozialformen einsetzen, die jeweils am Anfang übersichtlich dargestellt werden. So gibt es beispielsweise Tools, die sich im Einstieg zu einer offenen Sammlung von Ideen im Plenum eignen, oder solche, die das kooperative Arbeiten in Gruppen fördern. Andere beziehen jede/-n Einzelne/-n durch ein Quiz oder eine Abfrage ein.

Bei solchen Tools, die quizartig mit eindeutigen Antwortmöglichkeiten aufgebaut sind, stellt sich zu Recht die Frage, wie sich diese im Deutschunterricht beispielsweise mit einem offenen interpretatorischen Ansatz vereinbaren lassen. Die Ergebnisse, die mit den Tools erzeugt wurden, sollten daher meist nicht für sich allein stehen, sondern nach wie vor Anlass für einen gemeinsamen Austausch und eine Problematisierung im Unterricht bieten. Einige Tools haben aber auch genau diese Austausch- und Kommentarfunktion bereits integriert.

Der Markt an digitalen Tools wächst rasant und verändert sich stetig. Bei Erscheinen dieses Bandes werden sicherlich einige Tools hinzugekommen sein, die das Lernen noch schüler/-innenaktivierender oder kollaborativer gestalten oder noch mehr Datenschutz erlauben. Bei den möglichen Umsetzungsvorschlägen wurde daher exemplarisch skizziert, wann und wie sich die vorgestellten Tools im Deutschunterricht einsetzen lässt. Daraus lassen sich auch Ideen ableiten, in welchen Phasen ein ähnliches, neues Tool gewinnbringend eingesetzt werden kann.

ÜBERSICHT ÜBER ALLE VORGESTELLTEN TOOLS

Tool	Einsatzmöglichkeiten/Ziele	Klasse
Einstieg		
1.1 Wooclap	⇗ Digitale Abfragen oder Brainstorming ⇗ Aktivieren von Vorwissen ⇗ Sammeln von Ideen und Schlagworten ⇗ Einholen von Meinungen und Einschätzungen	Alle
1.2 Wortwolken	⇗ Erstellen von Wortwolken aus Texten ⇗ Assoziationen und Leseerwartungen sammeln ⇗ Visuelle Impulse als Einstieg in die Textarbeit	Alle
1.3 Popplet	⇗ Erstellen von Mindmaps ⇗ Sammeln von Begriffen und Schlagworten zu einem neuen Thema ⇗ Aktivieren von Vorwissen ⇗ Strukturierung von Themenaspekten	Alle
1.4 NicerTube	⇗ Abspielen von YouTube-Videos ohne Ablenkungen	Alle
Erarbeitung		
2.1 Padlet	⇗ Erstellen von digitalen Pinnwänden, Schaubildern und Zeitleisten ⇗ Kollaboratives Arbeiten ⇗ Präsentieren und Teilen von Inhalten	Alle
2.2 ZUMpad	⇗ Kollaborative Textarbeit ⇗ Bündelung, Darstellung und Austausch von Lernergebnissen ⇗ Förderung von Schreibkompetenzen	Ab der 7. Klasse
2.3 QR-Codes	⇗ Binnendifferenzierung bei Erarbeitung und Textanalyse ⇗ Sprachsensibles Unterrichten ⇗ Multimediale Gestaltung von Arbeitsblättern	Alle
2.4 ONCOO	⇗ Digitale Kartenabfrage ⇗ Sammeln von zentralen Schlagworten, Aussagen und Ergebnissen ⇗ Einholen von Meinungen und Einschätzungen	Alle
2.5 tricider	⇗ Sammeln und Bewerten von Thesen und Argumenten ⇗ Vorbereitung von Diskussionen ⇗ Abstimmung zu einem Thema	Alle

Übersicht über alle vorgestellten Tools

Tool	Einsatzmöglichkeiten/Ziele	Klasse
2.6 Telegra.ph	⚐ Verfassen und Veröffentlichen eigener kurzer Texte als Blogeintrag	Ab 7. Klasse
2.7 Minibooks	⚐ Verfassen und Veröffentlichen eigener Texte online oder in Form faltbarer Minibooks ⚐ Üben des Umgangs mit Textverarbeitungsprogrammen	Bis 7. Klasse
2.8 draw.io	⚐ Erstellen von Schaubildern ⚐ Visualisierung von Informationen	Ab 8. Klasse
2.9 EdPuzzle	⚐ Einsetzen von Videos mit interaktiven Übungen und Verständnisfragen	Alle
2.10 MindMeister	⚐ Erstellen von Mindmaps ⚐ Kollaboratives Arbeiten ⚐ Präsentieren von Mindmaps	Ab 7. Klasse
Sicherung		
3.1 Learning Snacks	⚐ Wiederholung, Überprüfung und Anwendung von gelerntem Wissen und erarbeiteten Inhalten ⚐ Sichern des Textverständnisses	Alle
3.2 Mentimeter	⚐ Digitale Abfragen und Brainstorming ⚐ Sammeln von Ideen und Schlagworten ⚐ Einholen von Meinungen und Einschätzungen	Alle
3.3 Explain Everything	⚐ Präsentation, Visualisierung und Sicherung von Arbeitsergebnissen	Alle
3.4 Quizlet	⚐ Erstellen von digitalen Karteikarten ⚐ Wiederholung, Überprüfung und Abfrage von gelerntem Wissen	Alle
3.5 Kahoot!	⚐ Erstellen eines Multiple-Choice-Quizzes ⚐ Sicherung, Wiederholung und Überprüfung von gelerntem Wissen ⚐ Diagnose des Lernstands	Alle
3.6 LearningApps	⚐ Erstellen von Lernspielen und verschiedenen Übungsformaten ⚐ Wiederholung, Anwendung und Übung von gelerntem Wissen	Alle

1 EINSTIEG

1.1 Vorwissen aktivieren mit Wooclap

Einsatzmöglichkeiten/Ziele

- Digitale Abfragen und Brainstorming
- Aktivieren von Vorwissen
- Sammeln von Ideen und Schlagworten
- Einholen von Meinungen und Einschätzungen

Fach/Klasse	Sozialformen
Alle Fächer und alle Klassen	Einzelarbeit, Plenum

Technische Hinweise

- Wooclap ist ein in der Grundversion kostenloses browserbasiertes Tool zur Erstellung von interaktiven Abfragen und Präsentationen.
- Die Lehrkraft muss sich registrieren und einen Account anlegen. Die Schüler/-innen müssen sich nicht registrieren, sondern öffnen mit einem digitalen Endgerät den Link zur Abfrage und nehmen anonym teil.

Benötigte Medien und Materialien

- Die Lehrkraft und die Schüler/-innen benötigen digitale Endgeräte (wie z. B. Smartphones, Tablets, Laptops).
- Internetverbindung und Beamer oder digitale Tafel

Vorbereitung

- Account erstellen auf der Website von Wooclap.com
- „Event" hinzufügen
- Aufgabentyp auswählen
- Frage bzw. Aufgabenstellung formulieren
- QR-Code/Link generieren und mit Schüler/-innen (z. B. per E-Mail oder per Beamereinblendung) teilen oder Website und automatisch generierten Zahlencode nennen

Ähnliche Tools

- Mentimeter
- AnswerGarden

Beschreibung

Als motivierender und schüleraktivierender Einstieg bietet sich Wooclap an. Wooclap ist ein Brainstorming- und Abfragetool, mit dem alle Lernenden interaktiv eingebunden werden können.

So kann ein Stundeneinstieg als Brainstorming gestaltet werden, indem alle Schülerinnen und Schüler ihr Vorwissen zu einem neuen Thema in Schlagworten in die vorgegebene Maske eingeben. Die Eingaben werden in Echtzeit auf einer digitalen Tafel oder per Beamer für die gesamte Klasse sichtbar und z. B. in Form einer Wortwolke oder Liste visualisiert. Die gewünschte Form der Visualisierung lässt sich in den Einstellungen vorher festlegen. Bei einem Brainstorming können zudem verschiedene Kategorien vorgegeben werden, zu denen die Schülerinnen und Schüler Ideen sammeln. Wooclap ermöglicht auch ein Rating verschiedener Aussagen als Einstieg in ein Thema. Die Zustimmung oder Ablehnung verschiedener Aussagen können die Lernenden dabei mit einer Punkteskala bewerten. Das gebündelte Klassenergebnis bietet dann einen vertiefenden Gesprächsanlass oder eine Problematisierung im Plenum an.

In der Kategorie „offene Antwortmöglichkeit" können die Schülerinnen und Schüler Aussagen ausformulieren, z. B. können sie im Stundeneinstieg eine Deutungshypothese zu einer Textstelle eingeben.

Die Handhabung des Tools ist sehr einfach und komfortabel. Die Schüler/-innen können mit jedem beliebigen digitalen Endgerät anonym teilnehmen. Der Vorteil dieses Tools liegt vor allen in der Beteiligung aller Lernenden am Prozess. Die Lehrkraft erhält so auch eine Rückmeldung von denjenigen, die sich bei einer Sammlung von Ideen im Unterrichtsgespräch sonst eher zurückhalten. Gegenüber der Sammlung von Ideen an der Tafel bietet das Tool auch eine große Effizienz: Die Ideen werden direkt erfasst und grafisch aufbereitet, was zugleich einen motivatorischen Aspekt bietet. Das Ergebnis lässt sich anschließend per Screenshot oder Excel-Datei sichern.

1 EINSTIEG

Mögliche Arbeitsaufträge/Umsetzungsbeispiele

- **Wortwolke:** Was verbindest du mit dem Begriff XY (z. B. Unterwegssein/Liebe/Romantik)? Gib drei Assoziationen ein.
- **Offene Antwortmöglichkeit:** Formuliere eine knappe, aber treffende Deutungshypothese zu der vorgegebenen Textstelle.
- **Rating:** Welcher dieser fünf Aussagen über die Figur XY/ das Thema XY stimmst du eher oder eher nicht zu? Gib deine Einschätzung auf der vorgegebenen Skala ein.

TIPPS
- Nehmen die Schüler/-innen per Smartphone an der Ideensammlung teil, leidet oftmals die Qualität der sprachlichen Äußerungen. Da die Beiträge jedoch anonymisiert sind, bietet es sich an, im anschließenden Plenumsgespräch auch auf häufige sprachliche Fehler einzugehen.

WEITERE EINSATZ-MÖGLICHKEITEN
- Wooclap kann auch in Sicherungsphasen oder zur Wiederholung eingesetzt werden, um etwa die wichtigsten Begriffe eines Themas abschließend zu bündeln.
- Im Anschluss an die Erarbeitung eines Themas kann Wooclap auch genutzt werden, um Stellung zu den erarbeiteten Inhalten zu nehmen, z. B. in Form eines Ratings oder einer Umfrage.
- Da die Klassenergebnisse direkt grafisch aufbereitet und gespeichert werden, kann man am Ende der Unterrichtsstunde/-reihe wieder auf den Einstieg zurückgreifen und den Lernzuwachs oder eine Veränderung der Einschätzungen/Einstellungen thematisieren.

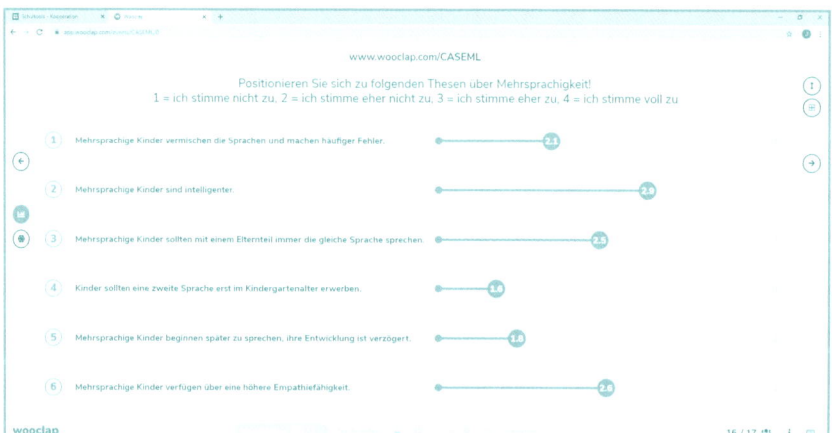

© www.wooclap.com

1.2 Assoziationen sammeln mit Wortwolken

Einsatzmöglichkeiten/Ziele

- Erstellen von Wortwolken aus Texten
- Sammeln von Assoziationen und Leseerwartungen
- Visuelle Impulse als Einstieg in die Textarbeit

Fach/Klasse	Sozialform
Alle Fächer und alle Klassen	Plenum

Technische Hinweise

- Wortwolken.com ist ein kostenfreies browserbasiertes Programm, mit dem ein hineinkopierter Text oder eine Textdatei grafisch als Wortwolke aufbereitet werden kann.
- Es erfordert keine Registrierung und lässt sich mit jedem digitalen Endgerät nutzen.

Benötigte Medien und Materialien

- Die Lehrkraft benötigt ein digitales Endgerät.
- Internetverbindung
- Beamer oder digitale Tafel zur Präsentation oder Ausdruck der erstellten Wortwolke

Vorbereitung

- Wortwolke auf der Website Wortwolken.com generieren
- Als Bilddatei oder PDF downloaden
- Ggf. auf Arbeitsblatt drucken

Ähnliche Tools

- Es gibt eine große Auswahl von kostenlosen Internetseiten oder Apps wie z. B. Tagul oder TagCrowd, mit denen Wortwolken generiert werden können. Beachten sollte man hierbei, dass nicht alle die deutschen Umlaute darstellen können.

Beschreibung

Ein Einstieg in die Textarbeit sollte den Schülerinnen und Schülern einen leichten und motivierenden Zugang zu dem Text bieten, indem

1 EINSTIEG

beispielsweise ihr Vorwissen aktiviert, Leseerwartungen geweckt oder ein Problembewusstsein erzeugt werden. Solch ein aktivierender Einstieg lässt sich durch eine Wortwolke erzielen.

Diese kann z. B. mit dem kostenfreien Programm "Wortwolken" erstellt werden. Hierfür kopiert die Lehrkraft den zu analysierenden Text in ein entsprechendes Feld des Browsers oder lädt eine Microsoft© Word- oder eine PDF-Datei in das Programm (das dieses aber nicht speichert). Das Programm erstellt je nach Häufigkeit der enthaltenen Begriffe eine Wortwolke, wobei die Begriffe, die häufiger auftreten, größer dargestellt werden.

Auf der Grundlage dieser Visualisierung und Häufigkeitsanalyse können die Schülerinnen und Schüler Hypothesen zu dem noch unbekannten Text bilden. Gibt man beispielsweise den Inhalt eines literarischen Textes ein, können die Lernenden Vermutungen über den Inhalt und die Figurenkonstellation des Textes äußern. Es können auch zwei verschiedene Textstellen visualisiert werden und die Schülerinnen und Schüler spekulieren auf der Grundlage der zwei erzeugten Wortwolken über signifikante Veränderungen der Textstellen.

TIPPS
- Enthält der hineinkopierte Text zu viele Wörter, muss gegebenenfalls die Größe verringert werden, um alle Wörter aufzunehmen.
- Sogenannte Stoppwörter wie Artikel oder Füllwörter können herausgekürzt werden.
- Das Design der Wortwolke lässt sich stark variieren, z. B. können die Farbe oder Schriftgröße angepasst werden. Auch verschiedene Umrisse, die zur Textvorlage passen (z. B. Herz oder ähnliche Symbole), können ausgewählt werden.

WEITERE EINSATZMÖGLICHKEITEN
- Wortwolken können ebenfalls in der Sicherungsphase erstellt werden. Hierbei entscheiden sich die Lernenden für die wichtigsten Schlagworte des Themas, die dann grafisch aufbereitet werden.
- Wortwolken bieten sich in jeder Phase zur optischen Gestaltung von Arbeitsblättern an.

1 EINSTIEG

Mögliche Arbeitsaufträge/Umsetzungsbeispiele

Betrachtet die Wortwolke zum ersten Monolog in *Goethes Faust. Der Tragödie erster Teil* (V. 354 bis 429). Äußert eure Vermutungen über den Charakter Fausts!

1.3 Mindmaps erstellen mit Popplet

Einsatzmöglichkeiten/Ziele

- Erstellen von Mindmaps
- Sammeln von Begriffen und Schlagworten zu einem neuen Thema
- Aktivieren von Vorwissen
- Strukturierung von Themenaspekten

Fach/Klasse	Sozialformen
Alle Fächer und alle Klassen	Plenum, Einzelarbeit, Gruppenarbeit

Technische Hinweise

- Popplet ist ein Brainstorming- und Mindmapping-Tool, das als Webversion oder als App für iOS (Popplet Lite) kostenlos genutzt werden kann.
- Um als Einzelperson oder kollaborativ Mindmaps zu erstellen, ist eine Registrierung mit einer E-Mail-Adresse oder der Download der App notwendig.

Benötigte Medien und Materialien

- Die Lehrkraft benötigt ein digitales Endgerät (z. B. Tablet, Laptop).
- Internetverbindung
- Beamer oder digitale Tafel

Vorbereitung

- Account erstellen auf der Website von Popplet.com oder die iOS-App Popplet Lite herunterladen
- Ggf. Mindmap vorstrukturieren

Ähnliche Tools

- MindMeister
- Freemind

Beschreibung

Popplet ist ein Brainstorming- und Mindmapping-Tool, das sich vor allem durch die einfache Bedienung auszeichnet. Durch einen Klick lassen sich neue Rahmen, sogenannte „Popples", zu einem Oberthema hinzufügen, in die dann der Text eingegeben wird. Die Rahmen lassen sich beliebig

1 EINSTIEG

verschieben und neu verknüpfen. Durch die Zoom-Funktion können einzelne Teilbereiche vergrößert dargestellt werden. Auch die farbliche Gestaltung kann angepasst werden. Zudem können Fotos und Bilder der Mindmap hinzugefügt werden.

Das Tool bietet sich an, wenn im Einstieg zügig Schlagworte und Begriffe zu einem neuen Thema gesammelt werden. Dank der einfachen Bedienung entsteht so im Unterrichtsgespräch schnell eine übersichtliche Mindmap, die per Beamer oder digitaler Tafel für alle sichtbar ist. Die Mindmap lässt sich online zur Weiterbearbeitung speichern oder als PDF oder Bilddatei herunterladen. Auch zur Vorstrukturierung eines Themas oder zu Beginn einer Unterrichtsreihe kann Popplet genutzt werden, um nach und nach Themenaspekte zu ergänzen. Im Gegensatz zu einer Mindmap an der Tafel lässt sich die digitale Mindmap stetig erweitern und verändern und bleibt auch bei steigender Komplexität noch übersichtlich.

TIPPS
- Popplet bietet auch die Möglichkeit, kollaborativ an einer Mindmap zu arbeiten. Hierfür müssen die Schüler/-innen jedoch registriert bzw. die App auf schulischen Geräten installiert sein.
- Bei einer kollaborativen Bearbeitung können die einzelnen Popples auch kommentiert und mit weiteren Informationen hinterlegt werden.
- Auch jüngere Schüler/-innen können schnell und intuitiv die Bedienung des Tools verstehen.

WEITERE EINSATZMÖGLICHKEITEN
- Popplet lässt sich auch in Erarbeitungsphasen einsetzen. Beispielsweise können die Schüler/-innen alleine oder in Gruppen ihr zu bearbeitendes Thema als Mindmap darstellen.

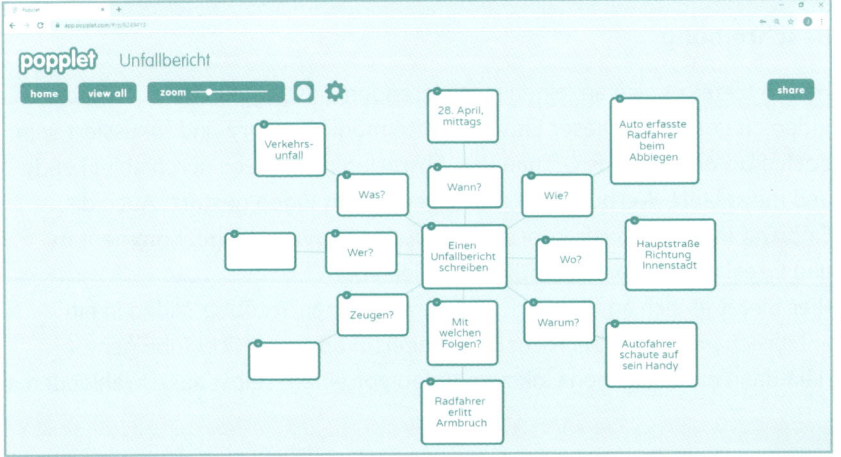

source: popplet.com

1.4 YouTube-Videos einsetzen mit NicerTube

Einsatzmöglichkeiten/Ziele	
Abspielen von YouTube-Videos im Einstieg ohne Ablenkungen	
Fach/Klasse	**Sozialform**
Alle Fächer und alle Klassen	Plenum

Technische Hinweise

- NicerTube ist ein kostenloses browserbasiertes Tool, mit dem sich YouTube-Videos ohne ablenkende Faktoren abspielen lassen.
- Es erfordert keine Registrierung.

Benötigte Medien und Materialien

- Die Lehrkraft benötigt ein digitales Endgerät.
- Internetverbindung
- Beamer oder digitale Tafel

Vorbereitung

- Geeignetes YouTube-Video aussuchen
- YouTube-Link zum Video kopieren und auf der Website von NicerTube.com eingeben
- Hintergrundfarbe/-bild auswählen
- NicerTube-Link generieren, notieren oder speichern, ggf. als QR-Code zur Weitergabe speichern

Beschreibung

Häufig bietet es sich an, einen motivierenden Einstieg durch ein YouTube-Video zu gestalten. Dieser Einstieg sollte möglichst kurz und fokussiert sein, doch allzu oft wird das Öffnen und Abspielen des Videos durch ablenkende und meist laute Werbung vor dem eigentlichen Video gestört. Auch die Einblendungen weiterer Informationen, wie Clipvorschläge, Kommentare und Likes, lenken vom eigentlichen Video ab.

Hier bietet es sich an, den Link zum gewünschten YouTube-Video in ein entsprechendes Feld bei NicerTube hineinzukopieren. NicerTube generiert dann einen eigenen Link zum Video vor einem selbst auszuwählenden

neutralen Hintergrund. Nach Aufrufen des NicerTube-Links beginnt das gewünschte Video direkt ohne Werbevideos vorab, sodass die Aufmerksamkeit der Schülerinnen und Schüler erhalten bleibt.
Möchte man ein YouTube-Video mit den Lernenden teilen, ist die Weitergabe des NicerTube-Links auch eine Möglichkeit, ungewollte Werbevideos auszublenden.

TIPPS	Ganz ohne Werbung funktioniert leider auch NicerTube nicht. Beim Einrichten des Links wird Werbung eingeblendet. Beim Abspielen lassen sich kleine eingeblendete Werbefenster direkt wegklicken.
WEITERE EINSATZ-MÖGLICHKEITEN	YouTube-Videos eignen sich nicht nur im Einstieg, sondern auch in allen anderen Unterrichtsphasen. NicerTube bietet sich immer dann an, wenn der YouTube-Clip fokussiert und zeiteffizient eingesetzt werden soll.

2 ERARBEITUNG

2.1 Kollaboratives Arbeiten mit Padlet

Einsatzmöglichkeiten/Ziele

- Erstellen von digitalen Pinnwänden Schaubildern und Zeitleisten
- Kollaboratives Arbeiten
- Präsentieren und Teilen von Inhalten

Fach/Klasse	Sozialformen
Alle Fächer und alle Klassen	Plenum, Einzelarbeit, Gruppenarbeit

Technische Hinweise

- Padlet ist eine browserbasierte Pinnwand, die mit jedem digitalen Endgerät genutzt werden kann.
- Die Lehrkraft muss sich auf der Website von Padlet.com registrieren und einen Account anlegen.
- In der kostenfreien Version sind bis zu drei Padlets möglich.
- Die Padlets können über einen QR-Code oder die Weitergabe eines Links von den Schüler/-innen aufgerufen werden.
- Das Padlet kann mit einem Passwort geschützt werden.
- Die Schüler/-innen müssen sich nicht zwangsläufig registrieren. Sie können Inhalte anonym kommentieren und Beiträge hochladen.

Benötigte Medien und Materialien

- Internetverbindung
- Beamer oder digitale Tafel zur Präsentation im Plenum
- Die Lehrkraft und die Lernenden benötigen digitale Endgeräte.

Vorbereitung

- Auf der Website von Padlet.com registrieren
- Layout und Einstellungen auswählen
- Digitale Pinnwand vorstrukturieren oder mit Inhalten (Links, Videos, Bilder, Dokumente) füllen
- QR-Code/Link generieren und mit Schüler/-innen (z. B. per E-Mail) teilen

Ähnliche Tools

- Trello

2 ERARBEITUNG

Ein Padlet ist eine digitale Pinnwand, auf der mithilfe verschiedener Vorlagen Texte, Bilder, Videos, Links, Bildschirmfotos oder Audiodateien abgelegt werden können. Diese können durch Pfeile miteinander verknüpft und strukturiert werden.

Das Tool ermöglicht zudem ein kollaboratives Arbeiten von verschiedenen digitalen Endgeräten aus: Änderungen können in Echtzeit oder zeitversetzt auf allen Geräten verfolgt werden. So werden das gemeinsame Sammeln, das Verarbeiten und der Vergleich von Inhalten sehr einfach gemacht. Auf diese Weise bleiben die Inhalte immer für alle Lernenden auf dem neuesten Stand. Vor allem die Kommentierungsfunktion ist dabei sehr nützlich: Schülerinnen und Schüler können die Ergebnisse anderer kommentieren und so eine individuelle Rückmeldung geben.

Ein Padlet eignet sich im Deutschunterricht besonders dann, wenn arbeitsteilig in Gruppen gearbeitet werden soll (z. B. bei der Analyse und dem Vergleich verschiedener motivverwandter Gedichte). Die Gruppen laden ihre Ergebnisse im Padlet hoch, sodass die anderen Gruppen diese kommentieren und ein Feedback geben können.

Die Lehrkraft kann das Padlet nicht nur vorstrukturieren, sondern der Klasse über das Padlet Videos, PDF-Dokumente, Texte, Bilder und Links bereitstellen, sodass nicht alles ausgedruckt werden muss. Die Lernenden können sich über das Padlet eigenständig in das Thema einarbeiten und zusätzlich recherchiertes Material auf der Pinnwand ergänzen.

TIPPS

- Die Schüler/-innen können anonym mitarbeiten; jedoch sollten sie ihre Beiträge mit ihrem Vornamen oder den Initialen versehen, um Ergebnisse und Kommentare im Nachhinein leichter nachvollziehen zu können. Durch eine Registrierung mit einer schulischen E-Mail-Adresse können die Beiträge besser den einzelnen Schüler/-innen zugeordnet werden.
- Die Lehrkraft kann unpassende Äußerungen löschen und sprachliche Fehler in den Beiträgen korrigieren. Unter Einstellungen können Vulgarismen und Beleidigungen unterdrückt werden.
- Padlet ermöglicht auch eine Zusammenarbeit zwischen Lehrkräften. Padlets können gemeinsam erstellt werden und als Link- und Materialsammlung für die Unterrichtsgestaltung dienen.
- Durch die Kopierfunktion können fertige Padlets von anderen Lehrkräften übernommen, angepasst und mit der eigenen Lerngruppe geteilt werden.

WEITERE EINSATZ-MÖGLICHKEITEN

- Padlet eignet sich im Grunde für jede Unterrichtsphase. Durch die vielfältigen Möglichkeiten lässt sich eine gesamte Unterrichtsreihe mit diesem Tool begleiten.
- Padlet eignet sich auch zur gemeinsamen Prüfungsvorbereitung (z. B. für das Abitur), wenn Inhalte von einzelnen Gruppen wiederholt und anschaulich aufbereitet werden.

2.2 Kollaboratives Schreiben mit ZUMpad

Einsatzmöglichkeiten/Ziele

- Kollaborative Textarbeit
- Bündelung, Darstellung und Austausch von Lernergebnissen
- Förderung von Schreibkompetenzen

Fach/Klasse	Sozialform
Alle Fächer, ab der 7. Klasse	Gruppenarbeit

Technische Hinweise

- ZUMpad ist ein kostenloses browserbasiertes Programm, das mit jedem digitalen Endgerät genutzt werden kann.
- Es ist keine Registrierung erforderlich.
- Die Schüler/-innen können gemeinsam ein ZUMpad anlegen und über einen Link gleichzeitig oder zeitversetzt darin arbeiten.
- Über diesen Link ist das gemeinsam erstellte Lernprodukt auch in Folgestunden aufrufbar.

Benötigte Medien und Materialien

- Internetverbindung
- Beamer oder digitale Tafel zur Präsentation im Plenum
- Die Lehrkraft und die Lernenden benötigen digitale Endgeräte (z. B. Tablets, Laptops).

Vorbereitung

- ZUMpad auf der Website von Zumpad.zum.de anlegen
- ZUMpad ggf. vorstrukturieren
- QR-Code/Link generieren und mit Schüler/-innen (z. B. per E-Mail) teilen

Ähnliche Tools

- eduPad
- CryptPad (bietet auch die Möglichkeit, Tabellen und Präsentationen kollaborativ zu erstellen)

2 ERARBEITUNG

Online in Gruppen gemeinsam an einem Text schreiben? Dies gelingt mit einem Tool wie ZUMpad einfach und komfortabel. Ein ZUMpad ermöglicht es Lerngruppen, unabhängig vom Lernort zeitgleich oder zeitversetzt mit zuvor erarbeiteten Materialien gemeinsam an einem Dokument zu arbeiten und zu schreiben. Auf diese Weise wird einem möglichen Durcheinander verschiedener Dateien, Dokumente und Textbausteine vorgebeugt.

Zudem ist für die Nutzenden zu jedem Zeitpunkt ersichtlich, wer was wann geschrieben hat, da jedem eine individuelle Farbe des Geschriebenen zugewiesen wird.

Über eine Chatfunktion können sich die Schülerinnen und Schüler während des Arbeitens über ihr Ergebnis austauschen. Dies wird ergänzt durch die Möglichkeit am Text zu kommentieren. Auf diese Weise bietet ZUMpad ähnliche Vorteile wie eine reale Gruppenarbeit (ohne dass es die Präsenz der einzelnen Gruppenmitglieder voraussetzt): Ein gemeinsames Arbeiten und Austauschen über ein Lernprodukt wird so digital möglich.

Im Deutschunterricht eignet sich ein ZUMpad beispielsweise, um Informationen und Begriffsklärungen zu Sachtexten und literarischen Texten zusammenzufassen, um Argumente zu sammeln und auszuformulieren, um gemeinsam eine schriftliche Analyse zu verfassen oder Texte im Rahmen einer Partnerkorrektur zu überarbeiten.

Die Lehrkraft hat Zugriff auf das ZUMpad und erhält so auch eine Rückmeldung über die Beteiligung und Schreibkompetenzen von Schülerinnen und Schülern, die sich ansonsten im Unterricht eher zurückhalten. Über eine Zeitleiste ist der Schreibvorgang auch noch im Nachgang zu rekonstruieren, sodass mögliche Störungen einzelner Gruppenmitglieder (z. B. das Löschen anderer Beiträge) nachvollzogen und rückgängig gemacht werden können. Zugleich wird durch die verschiedenen Farben ersichtlich, wer welchen Beitrag geleistet hat.

2 ERARBEITUNG

TIPPS
- Es ist hilfreich, ZUMpads mit leicht zu merkenden Namen für einzelne Arbeitsgruppen anzulegen. Um das ZUMpad aufrufen zu können, ist nämlich die exakte Schreibung des Links wichtig, selbst Groß- und Kleinschreibung zählen.
- Für eine möglichst effektive und fokussierte Gruppenarbeit lohnt es sich, dass die Lehrkraft die ZUMpads im Vorfeld der Stunde vorstrukturiert, z. B. durch Eingabe der Aufgabenstellung, Vorgabe von Kategorien.
- Da mit diesem Tool Schreibkompetenzen gefördert werden können und längere Beiträge formuliert werden, eigenen sich digitale Endgeräte mit Tastaturen besser als z. B. nur Smartphones.

WEITERE EINSATZ-MÖGLICHKEITEN
- Ein ZUMpad eignet sich im Grunde in allen Unterrichtsphasen. Im Einstieg kann es für ein stilles Schreibgespräch, z. B. zu einem visuellen Impuls, genutzt werden.
- In der Sicherungsphase können die wichtigsten Ergebnisse kollaborativ gebündelt werden.

2.3 Binnendifferenzierung durch QR-Codes

Einsatzmöglichkeiten/Ziele

- Binnendifferenzierung bei der Erarbeitung und der Textanalyse
- Sprachsensibles Unterrichten
- Multimediale Gestaltung von Arbeitsblättern

Fach/Klasse	Sozialform
Alle Fächer und alle Klassen	Einzelarbeit

Technische Hinweise

- QR-Codes lassen sich browserbasiert, kostenfrei und ohne Registrierung erzeugen, z. B. mit dem Tool „QR Code Generator".
- Um einen QR-Code zu erzeugen, muss nur ein zu hinterlegender Text, Link etc. eingefügt werden.
- Den QR-Code kann man als Bilddatei abspeichern und auf Arbeitsblättern einfügen.
- Zum Auslesen solcher Codes lassen sich zahlreiche kostenfreie QR-Code-Scanner als App auf digitale Endgeräte herunterladen. Oft sind diese bereits vorinstalliert, bei iOS in der Kamera.

Benötigte Medien und Materialien

- Internetverbindung
- Die Lehrkraft benötigt ein digitales Endgerät.
- Zum Auslesen der QR-Codes benötigen die Schülerinnen und Schüler ein digitales Endgerät mit QR-Code-Scanner.

Vorbereitung

- Erstellung von QR-Codes (z. B. QR Code Generator)
- Einfügen auf dem Arbeitsblatt/ der PDF

Ähnliche Tools

- QRCode Monkey

QR-Codes sind zweidimensionale Barcodes, hinter denen verschiedenste Informationen eingebettet werden können. Die Schülerinnen und Schüler brauchen nur ein Endgerät mit einem QR-Code-Scanner

(z. B. Smartphone, Tablet), um durch Auslesen des Codes zu der weiterführenden Information zu gelangen.

In heterogenen Lerngruppen bieten QR-Codes im Deutschunterricht großes Potenzial für eine binnendifferenzierte und sprachsensible Gestaltung und Vorbereitung des Unterrichts. Gerade in Lerngruppen, die Schwierigkeiten mit der deutschen Sprache haben, lassen sich QR-Codes einsetzen, um durch die Annotation von Begriffen oder Redewendungen einen sprachsensiblen Textzugang zu ermöglichen.

Durch QR-Codes, die auf dem zu bearbeitenden Arbeitsblatt eingefügt werden, können leistungsschwächere Lernende durch zusätzliche Erklärungen, Tipps und Hintergrundinformationen bei schwierigen Texten in ihrem Textverständnis unterstützt und gefördert werden. Leistungsstärkere Schülerinnen und Schüler können mit QR-Codes, hinter denen sich Zusatzaufgaben finden, gefordert werden, indem sie z. B. weitere Informationen zu einem Begriff oder einem Sachverhalt mittels eines bereitgestellten Links recherchieren. Die Lösungen einer Aufgabe können auch mittels eines QR-Codes verlinkt werden, sodass die Schülerinnen und Schüler in ihrem eigenen Tempo arbeiten und sich anschließend selbst überprüfen können. Darüber hinaus lassen sich hinter QR-Codes auch weiterführende Links zu Videos, Fotos, Karten, Musterlösungen etc. digital hinterlegen, sodass eine multimediale Anreicherung der Aufgabenstellung auf dem Arbeitsblatt möglich ist. Das Tool lässt sich vielfältig und kreativ einsetzen.

TIPPS
- QR-Codes sollten nicht zu komplexe Inhalte enthalten, weil sie sonst schwieriger für digitale Endgeräte lesbar sind.
- QR-Codes lassen sich auch mittels Apps erzeugen, allerdings ist die Generierung von QR-Codes mithilfe eines PCs im Browser wesentlich komfortabler.
- Textannotationen lassen sich natürlich auch klassisch als Fußnote erzeugen. QR-Codes bieten demgegenüber durch die Möglichkeit der Multimedialität (z. B. durch Einbindung von Bildmaterial), aber auch ein motivatorisch höheres Potenzial.
- Zudem sind sie ressourcenschonend (beispielsweise lassen sich Papier oder Druckerfarbe für zusätzlich zu druckende Materialien sparen).

2 ERARBEITUNG

WEITERE EINSATZ-MÖGLICHKEITEN

- Das Tool lässt sich in allen Unterrichtsphasen einsetzen. Im Einstieg können QR-Codes beispielsweise als eine Art virtueller Rundgang oder Gallery Walk eingesetzt werden.
- In der Sicherungsphase wäre es eine weitere Möglichkeit, die Lernenden selbst QR-Codes erzeugen zu lassen, um z. B. Unterrichtsergebnisse zu bündeln.

2.4 Digitale Kartenabfragen mit ONCOO

Einsatzmöglichkeiten/Ziele

- Digitale Kartenabfrage
- Sammeln von zentralen Schlagworten, Aussagen und Ergebnissen
- Einholen von Meinungen und Einschätzungen

Fach/Klasse	Sozialformen
Alle Fächer und alle Klassen	Plenum, Einzelarbeit, Gruppenarbeit

Technische Hinweise

- ONCOO ist ein kostenloses browserbasiertes Programm, das mit jedem digitalen Endgerät genutzt werden kann.
- Es ist keine Registrierung erforderlich.
- Die Schüler/-innen können über einen QR-Code oder die Eingabe eines Buchstabencodes die Seite aufrufen. Über diesen Code sind die Ergebnisse der Abfrage auch in Folgestunden aufrufbar und veränderbar.

Benötigte Medien und Materialien

- Internetverbindung
- Beamer oder digitale Tafel
- Die Lehrkraft und Schüler/-innen benötigen digitale Endgeräte (z. B. Smartphones, Tablets, Laptops).

Vorbereitung

- Auf der Website von ONCOO.de ein digitales Werkzeug (z. B. Kartenabfrage) auswählen
- Digitale Tafelansicht ggf. durch ein Passwort schützen
- Aufgabe formulieren, ggf. vorstrukturieren
- QR-Code/Buchstabencode generieren und mit Schülerinnen und Schülern (z.B. per E-Mail oder Beamereinblendung) teilen

Ähnliche Tools

- Mentimeter
- Wooclap
- AnswerGarden

2 ERARBEITUNG

ONCOO ist ein digitaler Werkzeugkasten, mit dem eine Kartenabfrage, ein Helfersystem, ein Lerntempoduett, ein Placemat sowie eine Zielscheibe digital umgesetzt werden können.

Vor allem die Kartenabfrage ermöglicht einen effektiven und gewinnbringen Einsatz im Deutschunterricht. Auf digitalen Karten notieren die Lernenden Schlagworte, Begriffe, Meinungen, Deutungen und zentrale Aussagen zu einem Thema oder Text. Sie können verschiedene Farben für die jeweiligen Karten auswählen, beispielsweise bei einer Argumentation rote Karten für Kontra-Argumente und grüne Karten für Pro-Argumente. Nehmen die Schülerinnen und Schüler in Gruppen an der Abfrage teil, kann jede Gruppe eine andere Farbe für ihre Karten wählen.

Die Lernenden geben ihre Ideen und Antworten in der Eingabemaske ein und senden diese per Raketensymbol an die digitale Tafel. Auf der Tafelansicht über den Lehrer/-innenzugang werden die Karten für alle sichtbar. Die Möglichkeit der anschließenden Bearbeitung der Gruppenabfrage hebt ONCOO von anderen Abfragetools ab. Nun kann nämlich mit der weiteren Strukturierung zum Beispiel durch Clustern, Sortieren, Verschieben, Verbindung mit Pfeilen oder Zusammenfassung durch Überschriften begonnen werden. Die Beiträge auf den Karten können bei der Besprechung sprachlich und inhaltlich korrigiert, doppelte Karten gelöscht oder zusammengefasst werden. Das erstellte Tafelbild kann direkt als Bild gespeichert und zur Sicherung ausgedruckt/verschickt werden.

Der Vorteil dieses Tools liegt in der effizienten und trotzdem motivierenden Umsetzung einer Kartenabfrage. Das Tool ist deutschsprachig und in seinen Formulierungen auf einen Einsatz in der Schule zugeschnitten. Es lässt sich so sehr einfach von den Lernenden bedienen. Zudem ist eine Beteiligung aller Schülerinnen und Schüler am Prozess möglich. Die Lehrkraft erhält so auch eine Rückmeldung von denjenigen, die sich im Unterrichtsgespräch eher zurückhalten.

ONCOO bietet sich auch für Gruppen- oder Partnerarbeiten nach dem Muster Think-Pair-Share an. In einer Einzelarbeitsphase geben die Schülerinnen und Schüler ihre Ergebnisse ein. In der Pair- oder Gruppenphase öffnen sie das Tool über die Ansicht der Lehrkraft und können nun selbst die Beiträge sichten, korrigieren, sortieren und verknüpfen. In der Share-Phase wird das gemeinsam erstellte Ergebnis der Klasse präsentiert.

2 ERARBEITUNG

TIPPS

- ◇ Da der Buchstabencode für den Lehrer/-innen- und Schüler/-innenzugang gleich ist, ist es empfehlenswert, die Tafelansicht mit einem Passwort zu schützen.
- ◇ Da die Schüler/-innen anonym beitragen, ist es bei manchen Aufgaben empfehlenswert, wenn sie ihre Karten mit Namen versehen.
- ◇ Um Unübersichtlichkeit zu vermeiden, kann die Anzahl der Karten durch eine mündliche Vorgabe begrenzt oder nach einer gewissen Zeit das Absenden weiterer Beiträge deaktiviert werden.
- ◇ Durch die Tastenkombination Strg + lässt sich hineinzoomen, um alle Beiträge bei der Besprechung zu berücksichtigen.
- ◇ Während die Schüler/-innen noch Ideen eingeben, kann die Lehrkraft mit dem Lehrer/-innenzugang bereits die Tafelansicht kontrollieren und dabei ggf. schon doppelte Beiträge löschen, nach Farben sortieren etc.

WEITERE EINSATZ-MÖGLICHKEITEN

- ◇ ONCOO kann zeitgleich, aber auch zeitversetzt genutzt werden. Beispielsweise können die Schüler/-innen auch als Hausaufgabe ihre Ergebnisse auf der Pinnwand eingeben.
- ◇ Im Einstieg eignet sich ebenfalls eine Kartenabfrage zum Brainstorming.
- ◇ In der Sicherungsphase kann die Kartenabfrage genutzt werden, um ein Fazit oder fachliches Urteil zu formulieren oder die wichtigsten Inhalte und Begriffe zu rekapitulieren.
- ◇ ONCOO bietet auch andere Werkzeuge zur Unterrichtsorganisation an, wie ein Placemat, ein Lerntempoduett, ein Helfersystem oder eine Zielscheibe. Die Zielscheibe eignet sich im Einstieg z. B. zu einer persönlichen Einschätzung des Lernstandes und zum Abschluss zur Evaluation des Lernzuwachses, als Feedback zur Methode/zur Unterrichtsgestaltung oder zur abschließenden Positionierung in einer Diskussion.

Mögliche Arbeitsaufträge/Umsetzungsbeispiele

- Lies die vorliegende Kurzgeschichte aufmerksam durch. Markiere alle Textstellen, die etwas über die Eigenschaften der Figur XY aussagen und Rückschlüsse auf ihren Charakter zulassen.
- Gehe auf die Website ONCOO.de, wähle den Schülerzugang und gib den folgenden Code ein: BEISPIELCODE
- Schreibe eine Eigenschaft der Figur auf jeweils eine Karte und gib die passende Textstelle als Beleg an. Lege die Karte nun auf den Stapel und schreibe die nächste Eigenschaft und Textstelle auf eine Karte. Sende deine Karten zum Abschluss an die digitale Tafel, indem du auf das Raketensymbol klickst.
- Bereite dich darauf vor, deine Ergebnisse im Unterrichtsgespräch erläutern zu können.

2.5 Argumente sammeln und bewerten mit tricider

Einsatzmöglichkeiten/Ziele

- Sammeln und Bewerten von Thesen und Argumenten
- Vorbereitung von Diskussionen
- Abstimmung zu einem Thema

Fach/Klasse	Sozialformen
Alle Fächer und alle Klassen	Einzelarbeit, Gruppenarbeit, Plenum

Technische Hinweise

- Tricider ist ein kostenloses browserbasiertes Tool zur Sammlung von Ideen und Argumenten.
- Die Lehrkraft muss sich registrieren und einen Account anlegen.
- Die Schüler/-innen öffnen ohne Registrierung mit einem digitalen Endgerät den Link zur Umfrage und können unter einem Nicknamen (z. B. nur Vorname) teilnehmen.

Benötigte Medien und Materialien

- Die Lehrkraft und die Schüler/-innen benötigen digitale Endgeräte (z. B. Smartphones, Tablets, Laptops).
- Internetverbindung
- Beamer oder digitale Tafel zur Präsentation im Plenum

Vorbereitung

- Account auf der Website von tricider.com anlegen
- Umfrage erstellen: Thema/Frage formulieren, Einstellungen anpassen
- Ggf. zu diskutierende Thesen vorgeben
- QR-Code/Link generieren und mit Schüler/-innen (z. B. per E-Mail) teilen

Ähnliche Tools

- Mentimeter
- Wooclap

Beschreibung

Eine zentrale Kompetenz des Deutschunterrichts ist die differenzierte Erörterung eines Themas. Dafür müssen die Lernenden in der Lage sein, plausible Thesen und Argumente zu sammeln sowie die Überzeugungskraft von Argumenten zu bewerten. Das Tool tricider bietet die Möglichkeit der digitalen Sammlung, an der alle Schüler/-innen online teilnehmen können. Die Umfragelinks können entweder für die gesamte Klasse oder für einzelne Gruppen vergeben werden.

Die Schülerinnen und Schüler können zu einem vorgegebenen Thema selbst Vorschläge, Thesen oder Ideen eingeben und diese dann mit Pro- oder Kontra-Argumenten stützen. Möglich ist auch die Vorgabe von Thesen/Ideen durch die Lehrkraft. Die Mitschülerinnen und Mitschüler können nicht nur selbst Argumente eingeben, sondern die Ideen und Argumente der anderen lesen, kommentieren und ihre Zustimmung durch einen Daumen nach oben ausdrücken. Des Weiteren können sie für den überzeugendsten Vorschlag oder das überzeugendste Argument abstimmen. Die gemeinsame Sammlung kann dann als Basis für eine mündliche Diskussion im Plenum dienen oder als Vorstrukturierung der anschließenden schriftlichen Erörterung.

Der Vorteil dieses Tools liegt in der Beteiligung aller an der Sammlung von Argumenten. Gegenüber dem Aufschreiben der Argumente an der Tafel oder im Heft bietet das Tool eine größere Effizienz und Übersichtlichkeit. Die Argumente der gesamten Klassen werden in Echtzeit direkt zusammengeführt.

Das Ergebnis lässt sich anschließend per Screenshot sichern oder unter einem gespeicherten Link wieder öffnen, sodass in Folgestunden auf die Sammlung zurückgegriffen und diese erweitert werden kann.

TIPPS
- Auch wenn das Tool immer wieder eine Anmeldung vorschlägt, ist eine Teilnahme ohne Registrierung problemlos möglich. Thematisiert werden sollte natürlich, dass die Schüler/-innen nur unter ihrem eigenen Vornamen Beiträge schreiben.
- Unpassende oder sprachlich fehlerhafte Beiträge können durch die Lehrkraft überarbeitet oder gelöscht werden.

WEITERE EINSATZMÖGLICHKEITEN
- Da sich das Tool sehr einfach und zügig bedienen lässt, eignet es sich auch für den Einstieg, wenn Ideen und Vorschläge zu einem Thema gesammelt werden sollen.

2.6 Kurze Blogeinträge verfassen mit telegra.ph

Einsatzmöglichkeiten/Ziele	
Verfassen und Veröffentlichen eigener kurzer Texte (z. B. Film oder Buchrezensionen, Lesetagebücher) im Internet	
Fach/Klasse	**Sozialform**
Alle Fächer und alle Klassen	Einzelarbeit

Technische Hinweise

- Die Blog-Website von Telegra.ph ist eine kostenlose Plattform, auf der ohne Anmeldung oder Registrierung eigene Beiträge (Texte, Bilder, Links etc.) veröffentlicht werden können.
- Da die Beiträge später nur schwierig weiterbearbeitet werden können, eignet sich das Tool insbesondere für Instant-Blogging im Deutschunterricht.

Benötigte Medien und Materialien

- Internetverbindung
- Digitale Endgeräte für die Schüler/-innen und die Lehrkraft, am besten mit Tastatur

Vorbereitung

Geeignete Aufgabe für das Verfassen der eigenen Texte stellen

Ähnliche Tools

- YouType
- Padlet

Im Deutschunterricht sollen die Schülerinnen und Schüler oft kurze, individuelle Rezensionen (z. B. Film- oder Buchrezensionen oder Lesetagebücher) verfassen und präsentieren. Eine einfache und völlige intuitive Möglichkeit bietet die Blog-Website Telegra.ph. Auch ohne große Einführung können die Lernenden direkt mit ihrem Blog-Eintrag beginnen. Nach Eingabe des Titels des Textes und des Verfassernamens können Texte geschrieben bzw. Bilder oder Videos eingebettet werden. Nach Fertigstellung klicken die Schülerinnen und Schüler einfach auf „Publish" und können die Links zu ihrem Blog an die Mitschülerinnen und Mitschüler oder die Lehrenden weitergeben.

Da die Website großen Wert auf Anonymität und Datenschutz legt, ist es allerdings schwierig, Telegra.ph als kontinuierlichen Blog zu führen. Das Tool eignet sich eher für ein Instant-Blogging. Auch das kollaborative Arbeiten ist über die Website nicht möglich.

TIPPS
- Es sollte darauf geachtet werden, dass die Schüler/-innen ihre Texte nur unter ihrem Vornamen, bzw. einem Pseudonym veröffentlichen.
- Möchte man die Texte nach dem Veröffentlichen noch bearbeiten, sollte man darauf achten, die Cookies des Browsers nicht zu löschen. Dann lässt sich der Blog über die Funktion „Edit" nachträglich noch verändern.

WEITERE EINSATZMÖGLICHKEITEN
- Telegra.ph kann auch für kommentierte Fotocollagen (z. B. bei der Erstellung von Bildergeschichten), Veröffentlichung eigener Gedichte oder Kurzgeschichten, Beschreibungen (Unfallberichte, Tierbeschreibungen, etc.) eingesetzt werden.
- Das Tool kann auch in der Sicherungsphase eingesetzt werden, indem die Schüler/-innen die Ergebnisse einer Unterrichtsstunde mithilfe des Tools digitalisieren und veröffentlichen.

2.7 Eigene Texte als Minibook gestalten

Einsatzmöglichkeiten/Ziele

- Verfassen und Veröffentlichen eigener Texte online oder in Form faltbarer Minibooks
- Üben des Umgangs mit Textverarbeitungsprogrammen

Fach/Klasse	Sozialform
Alle Fächer, bis 7. Klasse	Einzelarbeit

Technische Hinweise

- Die Website von Minibooks.ch ist eine kostenlose Plattform, für die keine Registrierung notwendig ist.
- Das Anlegen eines Accounts (z. B. mit der schulischen E-Mail-Adresse) ist allerdings empfehlenswert, wenn das bereits getippte Minibook gespeichert und zu einem späteren Zeitpunkt editiert werden soll.

Benötigte Medien und Materialien

- Internetverbindung
- Digitale Endgeräte für die Schüler/-innen und die Lehrkraft, am besten mit Tastatur
- Ein Drucker ist nötig, um die Minibooks anschließend auszudrucken und zu falten.

Vorbereitung

Geeignete Aufgabe für das Verfassen der eigenen Texte stellen

Das Website von Minibooks.ch ermöglicht es, aus eigenen Texten kleine Bücher zu erstellen. Diese maximal 8-seitigen Bücher können entweder als PDF heruntergeladen oder auch ausgedruckt und zu einem Minibook gefaltet werden.
Minibooks eignen sich aufgrund ihres Umfangs ideal, um beispielsweise eine eigene Gedicht- oder Balladensammlung zu erstellen. Die Gedichte können zudem mit passenden Bildern versehen werden. Minibooks können ebenfalls gut eingesetzt werden, wenn die Schülerinnen und Schüler eigene Geschichten oder Aufsätze verfassen sollen.

Auch für Tierbeschreibungen mit passenden Bildern eignet sich das Format. Gerade Jüngeren bereitet dieses Tool große Freude, wenn sie am Ende ihr gefaltetes Minibuch als Produkt in den Händen halten und darin blättern können.

Das Tool ist einfach zu bedienen und übt gleichzeitig den Umgang mit Textverarbeitungsprogrammen. Der Text kann mit verschiedenen Möglichkeiten formatiert werden (z. B. fett, größer, kursiv). Durch den begrenzten Umfang müssen sich die Lernenden sehr bewusst mit der Formulierung ihrer Texte und der Auswahl passender Bilder beschäftigen und am Ende ihre Texte Korrektur lesen.

Die Minibooks können auch online auf der Plattform veröffentlicht werden, wenn man dem durch das Setzen eines Häkchens zustimmt. Mit der Kommentarfunktion können die Mitschülerinnen und Mitschüler ein Feedback zu den Texten der anderen geben.

TIPPS   Die Website bietet eine Faltanleitung für DIN-A4- und DIN-A3-Blätter. Die Lehrkraft sollte das vorher einmal ausprobieren. Ist die Anleitung einmal verstanden, gelingt das Falten schnell.

WEITERE EINSATZ-MÖGLICHKEITEN   Minibooks können auch zuhause erstellt werden, um Merksätze, Lernübersichten, Rechtschreibregeln oder Lesestrategien übersichtlich und anschaulich festzuhalten. Die Schüler/-innen erstellen ihr eigenes kleines Merkheft zum Nachschlagen.

2.8 Schaubilder erstellen mit draw.io

Einsatzmöglichkeiten/Ziele

- Erstellen von Schaubildern
- Visualisierung von Informationen (Sachinformationen, Ergebnisse von Analysen der Figurenkonstellation etc.)

Fach/Klasse	Sozialformen
Alle Fächer, ab 8. Klasse	Einzelarbeit, Partnerarbeit, Plenum

Technische Hinweise

Um Informationen mit Diagrammen und Zeichnungen anschaulich zu präsentieren, muss man sich nicht unbedingt eine Software auf einem digitalen Endgerät installieren. Auf der Website von draw.io ist dies auch kostenlos im Browser möglich.

Benötigte Medien und Materialien

- Internetverbindung
- Digitale Endgeräte für die Schüler/-innen und die Lehrkraft, am besten mit Tastatur
- Beamer oder digitale Tafel zur Präsentation im Plenum

Vorbereitung

Geeignete Aufgabe stellen

Ähnliche Tools

- AWW App
- Popplet

Die Erfassung, Analyse und Wiedergabe der Informationen komplexer – fiktionaler und nichtfiktionaler – Texte ist im Deutschunterricht eine zentrale Kompetenz aller Jahrgangsstufen. Es lassen sich z. B. Figurenkonstellation besser als Skizze darstellen oder Zusammenhänge in komplexen Sachtexten durch Schaubilder vereinfachen. Schwierigkeiten bereitet es den Lernenden oft, diese Informationen anschaulich und übersichtlich darzubieten. Auch zur Vorbereitung einer Präsentation ist es sinnvoll, wenn die

Ergebnisse nicht nur mit Stichpunkten dem Plenum vorgestellt werden. Mit dem Tool draw.io lassen sich solche Visualisierungen und Schaubilder online im Browser erstellen. Gegenüber der analogen Alternative bietet das Tool den Vorteil, dass die Zeichnungen einfacher und sauber angefertigt werden, auch auf mehreren Ebenen, und durch die Speicherfunktion besser den Mitschülerinnen und Mitschülern zur Verfügung gestellt werden können.

Um Dokumente öffentlich freizugeben und sogar kollaborativ an einem Schaubild zu arbeiten, ist allerdings eine Anmeldung mit einem Google- oder OneDrive-Account notwendig. Ohne Anmeldung empfiehlt sich eine lokale Speicherung: Gleich nach dem Aufrufen der Seite werden Nutzenden gefragt, wo die erstellten Visualisierungen gespeichert werden sollen. Hierbei stehen neben Google Drive auch OneDrive oder lokale Geräte (Device) zur Verfügung. Danach lassen sich neue – oder bereits bestehende – Diagramme, Grafiken oder Visualisierungen öffnen und erstellen. Neben verschiedensten Formen und Symbolen können auch Pfeile oder kurze Texte eingefügt werden. Die erzeugten Grafiken können anschließend als XML-Datei gespeichert oder in Formaten wie PNG, SVG oder PDF exportiert werden.

TIPPS
- Über das kleine Erdkugel-Symbol in der rechten oberen Ecke kann die Sprache zunächst auf Deutsch gestellt werden. Diese Änderung wird nach einem erneuten Laden wirksam und erleichtert die Bedienung.
- Idealerweise verfügen die Schüler/-innen über ein digitales Endgerät mit Tastatur und Maus, da sich die Grafiken so besser erstellen und kurze Texte leichter einfügen lassen.
- Wichtig ist eine kurze Einführung der Arbeit mit draw.io durch die Lehrkraft besonders bei jüngeren Schüler/-innen, die ansonsten schnell überfordert sein könnten. Für Jüngere ist die App Popplet Lite besser geeignet.

WEITERE EINSATZ-MÖGLICHKEITEN
- Draw.io kann auch in der Sicherungsphase oder zur individuellen Vorbereitung der Schüler/-innen auf eine Klassenarbeit oder Klausur eingesetzt werden.

2.9 Videos interaktiv einsetzen mit EdPuzzle

Einsatzmöglichkeiten/Ziele

Videos mit interaktiven Übungen und Verständnisfragen verknüpfen

Fach/Klasse	Sozialformen
Alle Fächer und alle Klassen	Einzelarbeit, Plenum

Technische Hinweise

- EdPuzzle kann als kostenlose Software heruntergeladen oder browserbasiert genutzt werden.
- Die Lehrkraft benötigt eine Registrierung und kann unter ihrem Account offene Klassen erstellen.
- Die Schüler/-innen geben einen Code für die Klasse ein, bleiben aber anonym.
- Das Tool bietet auch zusätzliche Kontrolle darüber, wer das Video wann und mit welchem Erfolg geschaut hat. Hierfür müssen sich die Lernenden allerdings anmelden.

Benötigte Medien und Materialien

- Die Lehrkraft und die Schüler/-innen benötigen digitale Endgeräte (wie z. B. Smartphones, Tablets, Laptops).
- Internetverbindung
- Ggf. Beamer oder digitale Tafel zur Präsentation im Plenum

Vorbereitung

- Auf der Website von EdPuzzle.com registrieren
- Offene Klasse erstellen
- Video auswählen (z. B. von YouTube, EdPuzzle-Archiv)
- Video bearbeiten und an geeigneten Stellen mit Quizfragen, Kommentaren, Aufgaben ergänzen
- QR-Code/Link generieren, Klassencode mit Schüler/-innen (z.B. per E-Mail) teilen

Ähnliche Tools

- LearningApps
- H5P

2 ERARBEITUNG

Oft bieten sich im Deutschunterricht Videos zur Vermittlung von Inhalten oder zur Analyse an. Fraglich ist allerdings, ob die Videos von allen mit Aufmerksamkeit geschaut, verstanden und auch gedanklich verarbeitet werden.

Hierfür bietet sich das Tool „EdPuzzle" an. Mit EdPuzzle können Videos so bearbeitet werden, dass das Video an selbst ausgewählten Stellen unterbricht und erst weiterläuft, wenn beispielsweise eine offene Frage oder Multiple-Choice-Frage beantwortet wurden. Der Ausschnitt kann erneut abgespielt werden, um die Beantwortung der Frage zu vereinfachen. An geeigneten Stellen kann die Lehrkraft nicht nur Fragen, sondern auch Kommentare (auch als Audio) einfügen und zusätzliche Impulse setzen.

Das Tool bietet sich für den Einsatz von Erklärvideos an, um das Verständnis zu sichern, oder auch als Werkzeug zur Filmanalyse. Durch die offenen Fragen oder zusätzlichen Impulse kann die Aufmerksamkeit auf verschiedene filmtechnische Einstellungen oder besondere Aspekte der Inszenierung gelenkt werden.

Es können eigene Videos hochgeladen oder von Plattformen wie YouTube übernommen werden. Nach etwas Einarbeitung lässt sich das Tool einfach bedienen. Zudem können bereits bearbeitete Videos von anderen Lehrkräften kopiert und der eigenen Klasse zugewiesen werden.

TIPPS Sind die Schüler/-innen registriert, kann die Lehrkraft sogar verfolgen, wer das Video wann und mit welchen Antworten geschaut hat, und sie erhält so einen Überblick, wie gut das Video von der Klasse verstanden wurde.

WEITERE EINSATZ-MÖGLICHKEITEN EdPuzzle bietet sich auch als Vorbereitung auf den Unterricht an. Die Schüler/-innen schauen das Video zuhause und können auf diesem Wissen in der Stunde aufbauen.

2.10 Mindmaps kollaborativ erstellen und präsentieren mit MindMeister

Einsatzmöglichkeiten/Ziele

- Erstellen von digitalen Mindmaps
- Kollaboratives Arbeiten
- Präsentieren von Mindmaps

Fach/Klasse	Sozialformen
Alle Fächer, ab der 7. Klasse	Einzelarbeit, Gruppenarbeit, Plenum

Technische Hinweise

- MindMeister ist ein Brainstorming- und Mindmapping-Tool, das als Webversion oder als App kostenlos genutzt werden kann.
- In der Gratis-Version können bis zu drei Mindmaps online gespeichert werden.
- Um als Einzelperson Mindmaps zu erstellen oder Gäste zur kollaborativen Mitarbeit einzuladen, ist eine Registrierung mit einer E-Mail-Adresse bzw. der Download der App notwendig.
- Über die Weitergabe des Links können Gäste ohne Registrierung an der Erstellung der Mindmap mitarbeiten.

Benötigte Medien und Materialien

- Die Lehrkraft und die Schüler/-innen benötigen digitale Endgeräte.
- Internetverbindung
- Beamer oder digitale Tafel zur Präsentation im Plenum

Vorbereitung

- Account auf der Website MindMeister.com erstellen oder die App (iOS, Android) herunterladen
- Ggf. Mindmap durch Vorlagen vorstrukturieren
- QR-Code/Link generieren und mit (z. B. per E-Mail) teilen

Ähnliche Tools

- Popplet
- Padlet
- Freemind

Beschreibung

MindMeister ist ein Brainstorming- und Mindmapping-Tool, das sich durch seine vielfältigen Funktionen und zugleich recht einfache Bedienung auszeichnet.
Es bietet sich an, um Ideen zu sammeln, Themengebiete zu strukturieren und Zusammenhänge aufzuzeigen. Verschiedene Vorlagen lassen unterschiedliche Gestaltungen zu (z. B. als freie Mindmap, Flussdiagramm, Organigramm). Es können auch Links eingebunden werden.
Ein weiterer Vorteil ist die Möglichkeit, Mindmaps kollaborativ zu erstellen. Durch Teilen des Links können die Schülerinnen und Schüler ohne Registrierung an einer Mindmap mitarbeiten. Sie können als Gast neue Schlagworte eingeben, die Eingaben anderer kommentieren und für Schlagworte abstimmen. So kann in einer Gruppenarbeit in Echtzeit (oder auch zeitversetzt) an einer gemeinsamen Mindmap gearbeitet werden oder eine fertige Mindmap kommentiert und ergänzt werden.
Änderungen an der Mindmap können durch eine Zeitleiste nachverfolgt und rückgängig gemacht werden.
Nach der Erstellung der Mindmap kann diese direkt als Slideshow präsentiert werden. Dafür bietet MindMeister einen Präsentationsmodus, bei dem die einzelnen Schlagworte groß eingeblendet und durch den Vortragenden erläutert werden können. MindMeister schlägt automatisch eine Reihenfolge der einzelnen Folien vor, die aber auch individuell an den eigenen Vortrag durch Verschieben und Nummerieren angepasst werden kann.
In der kostenlosen Version lassen sich bis zu drei Mindmaps online zur Weiterbearbeitung speichern. Eine kostenlose Möglichkeit zum Download besteht nur als Wortliste, ansonsten kann die Mindmap als Screenshot gespeichert werden.

TIPPS

- Arbeiten die Schüler/-innen über einen Gastzugang zusammen, bleibt die Aufforderung zur Registrierung bei der Bearbeitung eingeblendet. Diese beeinträchtigt aber nicht die Nutzbarkeit.
- Über den eigenen Account kann die Sprache von Englisch auf Deutsch umgestellt werden.
- Nur in der kostenpflichtigen Version (ggf. als Schulangebot) lassen sich auch Bilder und Dateien einbinden und die Mindmap z. B. als PDF speichern.
- MindMeister bietet vielfältige Vorlagen für den schulischen Bereich (z. B. zur Strukturierung eines Aufsatzes, Hausaufgabenplanung), diese sind allerdings englischsprachig.

WEITERE EINSATZ-MÖGLICHKEITEN

- MindMeister bietet sich auch im Einstieg an, wenn Ideen zu einem neuen Thema gesammelt und online gespeichert werden. Im Verlauf der Unterrichtsstunde oder -reihe kann diese Ideensammlung dann ergänzt werden.
- MindMeister eignet sich für Lernende auch zur individuellen Prüfungsvorbereitung, um Themengebiete übersichtlich darzustellen. Über die Kommentarfunktion können weiterführende Informationen ergänzt werden.

3 SICHERUNG

3.1 Textverständnis sichern mit Learning Snacks

Einsatzmöglichkeiten/Ziele

- Wiederholung, Überprüfung und Anwendung von gelerntem Wissen und erarbeiteten Inhalten (z. B. zu sprachlichen Aspekten, Lektüren)
- Sichern des Textverständnisses

Fach/Klasse	Sozialformen
Alle Fächer und alle Klassen	Einzelarbeit, Partnerarbeit, Plenum

Technische Hinweise

- Die Plattform „Learning Snacks" kann browserbasiert oder als App auf allen digitalen Endgeräten genutzt werden.
- Die Lehrkraft registriert sich kostenlos und kann mit ihrem Account verschiedene Snacks erstellen und für ihre Klassengruppen freigeben.
- Die Schüler/-innen müssen sich nicht registrieren und können per Link (und ggf. Passwort) den Snack oder ihre Klassengruppe aufrufen.
- Über die Klassengruppe und einen Zugangscode können die Schüler/-innen auch selbst Snacks erstellen.

Benötigte Medien und Materialien

- Internetverbindung
- Die Lehrkraft und die Schüler/-innen benötigen ein digitales Endgerät (z. B. Laptop, Tablet, Smartphone).
- Ggf. Beamer oder digitale Tafel, wenn ein Snack im Plenum besprochen werden soll

Vorbereitung

- Account erstellen auf der Website von Learningsnacks.de
- Fragen, Antworten und Feedback erstellen
- QR-Code generieren oder Link (z. B. per E-Mail) teilen

Ähnliche Tools

- LearningApps

Beschreibung

Learning Snacks ist eine Plattform, auf der kleine Lerneinheiten, sogenannte Snacks oder Wissenshäppchen, erstellt werden können. Das Frage-Antwort-Format erinnert an einen Chatverlauf und lässt sich sehr leicht bedienen.

Bei der Gestaltung eines Snacks kann die Lehrkraft aus verschiedenen Möglichkeiten wählen. Sie kann mit einer Frage zu einem Thema oder gelesenem Text beginnen und dazu verschiedene Antwortmöglichkeiten im Multiple-Choice-Format formulieren. Auch die Beantwortung in Form eines Lückentexts ist möglich.

Dann formuliert die Lehrkraft jeweils ein Feedback für eine richtige und falsche Beantwortung. Wird die Frage falsch beantwortet, können als Rückmeldung Lerntipps, Hinweise oder eine Erinnerung an gelernte Regeln angezeigt werden, die die erneute Beantwortung der Frage vereinfachen. Beispielsweise können Texte mittels eines Leseverstehens erfasst werden. Als Tipps folgen bei einer falschen Beantwortung dann Hinweise zur relevanten Textstelle oder passenden Lesestrategie.

Möglich ist auch die Einblendung kurzer Informationsdialoge oder längerer erklärender Passagen, auf die dann Fragen zur Überprüfung folgen. Es können auch Erklärvideos oder Bilder, wie z. B. Schaubilder oder Skizzen, als Impuls eingebettet werden, deren Verständnis dann durch anschließende Fragen vertieft wird. In Abstimmungsfragen können die Lernenden ihre eigene Meinung oder Einschätzung abgeben oder ihren Lernzuwachs evaluieren. Am Ende erhalten die Schülerinnen und Schüler eine Rückmeldung über ihr Abschneiden in Form eines Rankings.

Der Vorteil dieses Tools liegt nicht nur in dem motivatorischen Anreiz und der intuitiven Bedienung, da das Chat-Format den Schülerinnen und Schülern sehr bekannt ist. Sie können in ihrem eigenen Tempo arbeiten und erhalten bei Falschantworten eine direkte Rückmeldung. Im Gegensatz zu vielen anderen Anwendungen, die die eingegebenen Antworten nur als richtig oder falsch markieren, können hier bei der Rückmeldung auch Tipps und Verbesserungshinweise gegeben werden.

3 SICHERUNG

TIPPS
- Die Plattform „Learning Snacks" bietet bereits eine Vielzahl erstellter Snacks zu verschiedenen Aspekten des Deutschunterrichts (z. B. Wortartenüberprüfung, Stilmittelanalyse). Durch Weitergabe des Links können die Schüler/-innen auch auf von anderen Lehrkräften erstellte Snacks zurückgreifen.

WEITERE EINSATZ-MÖGLICHKEITEN
- Learning Snacks eignen sich für alle Unterrichtsphasen. Da die Erstellung eines Snacks nach einer kurzen Einarbeitung in die Anwendung sehr einfach ist, können die Schülerinnen und Schüler (z. B. in Gruppen) auch selbst Snacks für ihre Mitschüler/-innen erstellen. Hierfür erstellt die Lehrkraft eine Klassengruppe, in der die Lernenden die Snacks erstellen und veröffentlichen können.
- Möchte man Learning Snacks zur Erarbeitung neuer Inhalte einsetzen, eignet sich die Einbettung von Informationsdialogen oder Erklärvideos, deren Verständnis durch Fragen gesichert werden.

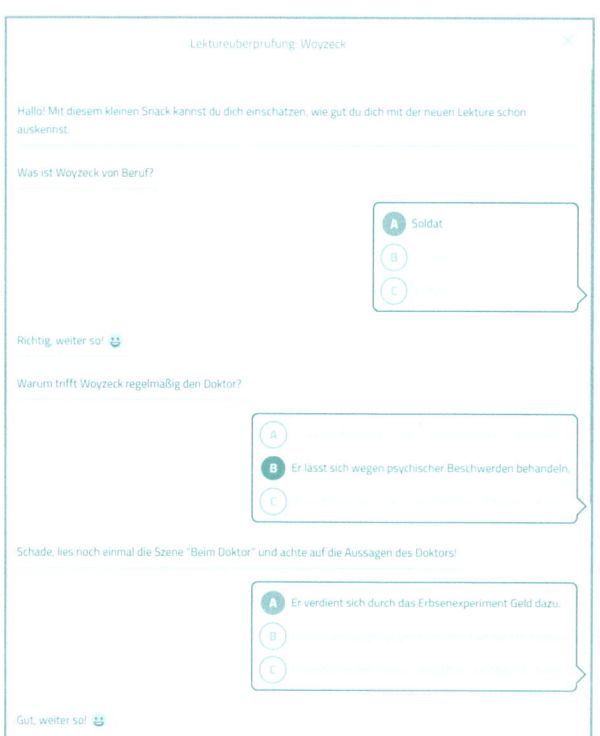

© www.learningsnacks.de

3.2 Ergebnisse sichern mit Mentimeter

Einsatzmöglichkeiten/Ziele

- Digitale Abfragen und Brainstorming
- Sammeln von Ideen und Schlagworten zur Ergebnissicherung
- Einholen von Meinungen und Einschätzungen

Fach/Klasse	Sozialformen
Alle Fächer und alle Klassen	Einzelarbeit, Plenum, Gruppenarbeit

Technische Hinweise

- Mentimeter ist ein browserbasiertes Tool zur Erstellung von Präsentationen, das verschiedene Möglichkeiten bietet, Schüler/-innen interaktiv einzubinden.
- Die Lehrkraft muss sich registrieren und einen Account anlegen.
- In der kostenfreien Grundversion sind bis zu fünf gespeicherte Präsentationen mit bis zu zwei Präsentationsfolien möglich.
- Die Lernenden müssen sich nicht registrieren. Sie öffnen mit einem digitalen Endgerät die Internetseite Menti.com und geben einen vorgegebenen Code ein, um anonym teilzunehmen.

Benötigte Medien und Materialien

- Internetverbindung
- Die Lehrkraft und die Schüler/-innen benötigen ein digitales Endgerät (z. B. Laptop, Tablet, Smartphone).
- Beamer oder digitale Tafel

Vorbereitung

- Account auf der Website von Mentimeter.com erstellen
- Präsentationsfolie erstellen
- Aufgabentyp auswählen (z. B. Wordwolke, Quiz)
- Frage bzw. Aufgabenstellung formulieren
- Präsentation im Unterricht starten
- Code eingeben

3 SICHERUNG

Ähnliche Tools
- Wooclap
- AnswerGarden
- ONCOO

Beschreibung

Mentimeter ist ein kostenfreies Brainstormings- und Abfragetool, das die Möglichkeit bietet, alle Schülerinnen und Schüler interaktiv einzubinden. Die Handhabung ist sehr einfach und komfortabel. Durch die Eingabe eines vorgegebenen Codes auf der Website von Menti.com gelangen die Lernenden per Smartphone oder Tablet zur vorbereiteten Aufgabenstellung und können hier Schlagworte, Ideen und Aussagen eingeben, die dann in Echtzeit per Beamer sichtbar gemacht werden können.

Mentimeter bietet verschiedene Werkzeuge an, die sich nicht nur in der Sicherungsphase eignen. Es können die wichtigsten Begriffe eines Themas gesammelt werden, die dann in Form einer Wortwolke visualisiert werden. Möglich ist auch die Erstellung von Rankings oder Skalierungen. Es können verschiedene Aussagen vorgegeben werden, die alle Schülerinnen und Schüler auf der Grundlage ihrer Erarbeitung bewerten sollen.

Es bietet sich als Sicherung auch eine offene Antwortmöglichkeit an, bei der die Lernenden (z. B. in Gruppen) die wichtigsten Aussagen eines Textes oder eine abschließende Beurteilung abgeben können. Durch die begrenzte Zeichenanzahl (250 Zeichen) müssen die Schülerinnen und Schüler ihr Fazit möglichst präzise formulieren.

Der Vorteil dieses Tools liegt in der Beteiligung aller am Prozess. Die Lehrkraft erhält so auch eine Rückmeldung von Schülerinnen und Schülern, die sich im Unterrichtsgespräch sonst eher zurückhalten. Das Tool bietet auch eine große Effizienz. Die Ideen werden direkt erfasst, ausgewertet und grafisch aufbereitet, was zugleich einen motivatorischen Aspekt bietet. Das Ergebnis lässt sich anschließend per Screenshot oder PDF-Download sichern.

3 SICHERUNG

TIPPS

- Bei der Erstellung von Wortwolken lässt sich einstellen, wie viele Begriffe jeder Teilnehmende eingeben darf. Umso mehr Begriffe eingegeben werden können, desto kleiner wird allerdings die Schrift auf der Präsentationsfolie und deren Lesbarkeit leidet. Sinnvoll ist eine Begrenzung auf wenige aussagekräftige Schlagworte in den Einstellungen.
- Bei den offenen Antwortmöglichkeiten lassen sich die Sprechblasen bei der Besprechung anklicken und dadurch einzeln vergrößern.
- Nehmen die Schüler/-innen per Smartphone an der Ideensammlung teil, leidet oftmals die Qualität der sprachlichen Äußerungen. Da die Beiträge jedoch anonymisiert sind, bietet es sich an, im anschließenden Plenumsgespräch auf vermehrte sprachliche Fehler einzugehen. Die Beiträge können nicht nachträglich korrigiert werden.

WEITERE EINSATZ-MÖGLICHKEITEN

- Mit Mentimeter kann ein motivierender Einstieg gestaltet werden, indem alle Schüler/-innen ihr Vorwissen in Schlagworten eingeben und dieses dann in Form einer Wortwolke visualisiert wird.
- Mentimeter kann auch in Sicherungsphasen oder zur Wiederholung eingesetzt werden, um z. B. die wichtigsten Begriffe eines Themas abschließend zu bündeln.

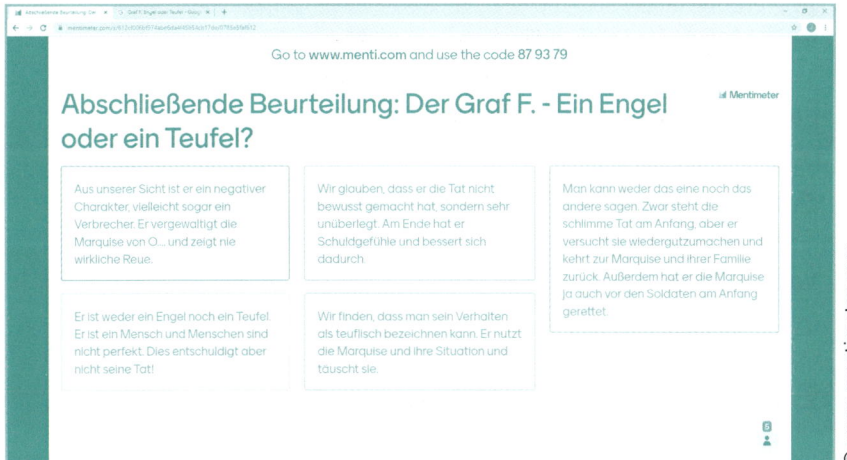

3.3 Ergebnisse visualisieren mit Explain Everything

Einsatzmöglichkeiten/Ziele	
Präsentation, Visualisierung und Sicherung von Arbeitsergebnissen	
Fach/Klasse	**Sozialform**
Alle Fächer und alle Klassen	Plenum

Technische Hinweise

Explain Everything ist eine (in der Vollversion kostenpflichtige) Whiteboard-Software, die sich als App für iOS-, Android- oder Windows-Geräte herunterladen lässt.

Benötigte Medien und Materialien

- Die Lehrkraft benötigt ein digitales Endgerät (idealerweise mit Touchfunktion und einem digitalen Stift).
- Internetzugang
- Eingabegerät

Vorbereitung

- Herunterladen der App
- Die Lehrkraft sollte sich vor dem Einsatz der App intensiv mit den zahlreichen Funktionen von Explain Everything vertraut machen.

Ähnliche Tools

- Microsoft© Whiteboard
- Natürlich lassen sich Arbeitsergebnisse auch mit vielen anderen herkömmlichen Programmen (u. a. Microsoft© Powerpoint) oder kostenlosen Tools präsentieren.

Ein Deutschunterricht kommt nicht ohne Unterrichtsphasen aus, in der die Lehrkraft Arbeitsergebnisse bündelt, systematisiert und sichert. Hierzu eignet sich unter anderem die App Explain Everything als multimedialer Tafelersatz. Da die App zahlreiche Funktionen bietet, sollen an dieser Stelle nur die zentralen Vorteile gegenüber der analogen Variante umrissen werden.

3 SICHERUNG

Neben der Möglichkeit, Texte in verschiedenen Farben zu beschriften, zu kommentieren oder zu markieren, kann die Lehrkraft auch verschiedene Formen, Symbole, Tabellen, Links, Bilder oder Videos in das virtuelle Tafelbild integrieren. So können Unterrichtsergebnisse der Schülerinnen und Schüler problemlos präsentiert, einander gegenübergestellt, ggf. korrigiert und kommentiert werden. Da die digitalen Tafelbilder in der App gespeichert – und natürlich auch in diversen Formaten (JPG, PDF etc.) exportiert und den Lernenden zur Verfügung gestellt – werden können, ermöglicht Explain Everything ein nachhaltiges Lernen. Zu jedem Zeitpunkt des Unterrichts wird es möglich, auf länger zurückliegende Ergebnisse zurückzugreifen oder neue Erkenntnisse im Rahmen einer Unterrichtsreihe mit zurückliegenden in Beziehung zu setzen. Gerade in dieser Hinsicht bieten multimediale Präsentationstools den größten Vorteil gegenüber der begrenzten „Haltbarkeit" klassischer, mit Kreide geschriebener Tafelbilder. Zudem lässt sich Explain Everything auch im Distanzunterricht unkompliziert als Projektionsfläche im Rahmen eines Videostreams integrieren.

TIPPS	◁ Idealerweise verfügen die Lehrkräfte über einen digitalen Stift (z. B. Apple Pencil), da so das Schreiben auf dem Display oder die Bearbeitung und Beschriftung von vorhandenen Texten einfacher ist als mit den Fingern oder einer Maus.
	◁ Die Bedienung von Explain Everything ist intuitiv möglich. Jedoch gibt es zahlreiche komplexere Funktionen, bei denen kurze Videotutorials hilfreich sein können, die auf den gängigen Streamingplattformen kostenlos zur Verfügung stehen.
WEITERE EINSATZ-MÖGLICHKEITEN	◁ Der Einsatz multimedialer Software durch die Lehrkraft eignet sich auch in der Phase des Einstiegs, z. B. beim Einsatz von Bildern, Filmen, kurzen Texten oder in der Erarbeitungsphase, wenn die Lehrkraft etwa im Unterrichtsgespräch gemeinsam mit den Lernenden einen Text analysieren möchte.

3.4 Fachbegriffe üben mit Quizlet

Einsatzmöglichkeiten/Ziele

- Erstellen von digitalen Karteikarten
- Wiederholung, Überprüfung und Abfrage von gelerntem Wissen (v. a. Fachbegriffe und Definitionen)

Fach/Klasse	Sozialformen
Alle Fächer und alle Klassen	Einzelarbeit, Plenum, Gruppenarbeit

Technische Hinweise

- Quizlet ist ein browserbasiertes Programm, das mit jedem digitalen Endgerät genutzt werden kann, auch als App mit allen gängigen Betriebssystemen.
- Die Lehrkraft registriert sich kostenlos und kann mit ihrem Account verschiedene Lernsets und Klassengruppen anlegen.
- Durch die Weitergabe des Links können die Schüler/-innen das jeweilige Lernset aufrufen. Dafür müssen sie sich nicht registrieren.
- Um jedoch den persönlichen Lernfortschritt speichern zu können, müssen sich die Schüler/-innen mit einer (schulischen) E-Mail-Adresse registrieren. In der kostenlosen Version wird leider Werbung eingeblendet.

Benötigte Medien und Materialien

- Die Lehrkraft und die Schüler/-innen benötigen digitale Endgeräte, um die Lernsets zu erstellen und aufzurufen.
- Internetverbindung
- Ggf. Beamer oder digitale Tafel zu Präsentation im Plenum

Vorbereitung

- Account (Lehrkraft und ggf. Schüler/-innen) auf der Website Quizlet.com erstellen
- Lernset erstellen und Einstellungen anpassen (Lehrkraft)
- QR-Code bzw. Link generieren und mit Schüler/-innen (z.B. per E-Mail) teilen

3 SICHERUNG

Ähnliche Tools
- Quiz Academy
- LearningApps

Beschreibung

Quizlet ist ein Tool, das sich sinnvoll für die Überprüfung und das Üben von Fachbegriffen (wie z. B. Wortarten, Stilmittel, literarische Termini) einsetzen lässt. Bei Quizlet können von der Lehrkraft Lernsets erstellt werden, in denen jeweils Fachbegriffe und deren Definitionen oder Beispiele eingegeben werden.

Mit diesem Lernset können die Lernenden in sechs verschiedenen Einstellungen üben. Für den Deutschunterricht bietet sich zum einen das Lernen im Karteikarten-Modus an, bei dem erst der Fachbegriff und nach einem Klick die dazugehörige Definition eingeblendet werden. Im Bereich „Lernen" können entweder der Fachbegriff oder die Definition angezeigt werden und die passende Entsprechung muss eingetippt werden. Klickt man auf „Zuordnen", müssen acht Paare aus Begriffen und Definitionen per Drag and Drop richtig zugeordnet werden. Im Test-Modus werden bis zu 23 Begriffe zufällig ausgewählt und in Form von Lückentexten, Zuordnungs-, Multiple-Choice-Tests und Richtig/Falsch-Fragen abgefragt. Bei allen Aufgabenformaten erhalten die Schülerinnen und Schülern eine Rückmeldung dazu, welche die richtige Lösung ist.

Der Vorteil dieses Tools liegt in der einfachen, spielerischen und zugleich binnendifferenzierten Überprüfung von Fachwissen. In Übungsphasen ist es mit diesem Tool möglich, dass alle Schüler/-innen in ihrem eigenen Tempo arbeiten und die Inhalte wiederholen, die ihnen schwerfallen.

TIPPS
- Quizlet eignet sich immer dann, wenn es auf eine Frage eine eindeutige Antwort oder eine klare Zuordnung von Begriffen gibt.
- Über die Kopierfunktion können bereits bestehende Lernsets anderer Lehrkräfte einfach übernommen werden.
- Auch wenn eine anonyme Teilnahme möglich ist, drängt das Tool immer wieder durch Einblendung zu einer Anmeldung, z. B. über soziale Netzwerke. Dies sollte vorab thematisiert werden.
- Motivatorische Anreize bieten auch die Rankings, die erstellt werden können, wenn alle Schüler/-innen in einer Gruppe registriert sind.

3 SICHERUNG

WEITERE EINSATZ-MÖGLICHKEITEN

- Quizlet kann auch in Erarbeitungsphasen eingesetzt werden, wenn die Schüler/-innen z. B. in Gruppen selbst solche Lernsets für die Klasse erstellen.
- Die Lernenden können die Lernsets auch für sich selbst erstellen und damit allein am Smartphone oder PC weiter üben.

3.5 Spielerisch Wissen überprüfen mit Kahoot!

Einsatzmöglichkeiten/Ziele

- Erstellen eines Multiple-Choice-Quizzes
- Sicherung, Wiederholung und Überprüfung von gelerntem Wissen
- Diagnose des Lernstands

Fach/Klasse	Sozialformen
Alle Fächer und alle Klassen	Plenum, Einzelarbeit, Gruppenarbeit

Technische Hinweise

- Kahoot! kann als App (iOS, Android) oder browserbasiert eingesetzt werden. Es ist mit jedem digitalen Endgerät nutzbar.
- Das Programm ist kostenlos, In-App-Käufe sind möglich.
- Die Lehrkraft muss sich registrieren und einen Account anlegen.
- Die Schüler/-innen können über einen QR-Code/eine PIN die Seite und das jeweilige Quiz ohne Anmeldung aufrufen. Für die Teilnahme vergeben sie sich einen selbst gewählten Nicknamen.

Benötigte Medien und Materialien

- Die Lehrkraft und die Schüler/-innen benötigen digitale Endgeräte.
- Internetverbindung
- Ein Beamer oder eine digitale Tafel sind nötig, um die Quizfragen zu sehen und die Ergebnisse im Plenum zu besprechen.

Vorbereitung

- Auf der Website von Kahoot.com registrieren und Account erstellen
- Quizfragen und Antwortmöglichkeiten eingeben
- Einstellungen anpassen (z. B. Zeitlimit, Punktevergabe)
- Buchstabencode generieren und mit den Schüler/-innen (z. B. per Beamereinblendung) teilen

Ähnliche Tools

- Quiz Academy
- Socrative
- Learning Snacks

3 SICHERUNG

Das Programm Kahoot! ermöglicht es, gelernte Inhalte spielerisch in Form von Multiple-Choice-Fragen zu überprüfen. Die Lehrkraft erstellt ein Fragenset und die Schülerinnen und Schüler wählen aus zwei bis vier Antwortmöglichkeiten die richtige aus.

Die Lernenden rufen das Quiz ohne Anmeldung per PIN auf. Sie geben einen Nicknamen (z. B. die eigenen Initialen oder einen Fantasienamen) ein, um teilzunehmen. Per Beamer oder digitaler Tafel können die Schülerinnen und Schüler direkt sehen, welche Antwort die richtige ist und wie viele Punkte sie erhalten. Die Teilnehmenden mit den meisten richtigen Antworten und Punkten werden am Ende in einem Ranking angezeigt. Dadurch bietet das Quiz einen hohen motivatorischen Faktor. Als Impuls können auch Audio- oder Videodateien eingebettet werden. Die Schülerinnen und Schüler können die Quizfragen einzeln beantworten oder in Paar- oder Gruppenarbeit teilnehmen und die Fragen zunächst in ihrer Gruppe besprechen. Kahoot! bietet sich als Diagnoseinstrument an, um am Ende einer Unterrichtseinheit eine Rückmeldung zu erhalten, inwiefern die Klasse das Gelernte bereits beherrscht. Die Auswertung des Quizzes kann anschließend als Excel-Tabelle heruntergeladen werden.

TIPPS
- Kahoot! bietet bereits eine große Sammlung existierender Fragensets, die übernommen werden können.
- Die Schüler/-innen können auch selbst in Einzelarbeit/Gruppenarbeit ein Thema in Form eines Quizzes für die Mitschüler/-innen aufbereiten. Hierzu benötigen sie allerdings eine Registrierung, beispielsweise mit einer schulischen E-Mail-Adresse.

WEITERE EINSATZ-MÖGLICHKEITEN
- Ein Kahoot!-Quiz kann auch zum Einstieg in ein Thema eingesetzt werden, um beispielsweise eine Diskussion oder Problematisierung im Plenum anzuregen oder Lücken im Lernstand aufzudecken.

3.6 Wissen anwenden mit LearningApps

Einsatzmöglichkeiten/Ziele

◇ Erstellen von Lernspielen und Übungsformaten
◇ Wiederholung, Anwendung und Übung von gelerntem Wissen

Fach/Klasse	Sozialformen
Alle Fächer und alle Klassen	Einzelarbeit, ggf. Partnerarbeit

Technische Hinweise

◇ LearningApps ist eine kostenlose Plattform, die multimediale, interaktive Übungen und Lernbausteine anbietet.
◇ Wenn auf bereits bestehende Übungen zurückgegriffen und keine eigenen Übungen erstellt werden, kann die Lehrkraft auch ohne Registrierung und Anmeldung die Übung per Link teilen.
◇ Die Schüler/-innen können anonym teilnehmen.
◇ Die Lehrkraft kann sich aber auch registrieren und einen Account anlegen. Mit diesem Account kann sie eigene Übungen erstellen und Klassengruppen anlegen.
◇ Die Schüler/-innen erhalten einen Schülerzugang (Name und Passwort, ohne Angabe individueller Daten) mit den zugeordneten Übungen.

Benötigte Medien und Materialien

◇ Internetverbindung
◇ Die Lehrkraft und die Schüler/-innen benötigen ein digitales Endgerät.

Vorbereitung

◇ Pool an bestehenden Übungen durchsuchen und Link teilen
◇ Ggf. Account erstellen auf der Website learningapps.org
◇ Ggf. Klassengruppe und Schüler/-innenaccounts anlegen
◇ Bestehende Übungen der Klassengruppe zuordnen oder eigene Übungen aus Auswahlformaten erstellen
◇ QR-Code/Link generieren und (z. B. per E-Mail) teilen

Ähnliche Tools

◇ Quizlet
◇ Learning Snacks
◇ Wizer

Beschreibung

LearningApps ist eine Plattform, die multimediale Lernbausteine (z. B. Quizformate, Zuordnungsübungen, Zeitleisten, Kreuzworträtsel, Multiple-Choice-Tests) anbietet. Lehrkräfte können aus einem bestehenden Pool von Übungen die für ihren Unterricht geeigneten Aufgaben aussuchen. Sie können aber auch selbst aus vielen verschiedenen Aufgabenformaten passende Übungen erstellen.
Für den Deutschunterricht eignet sich das Tool vor allem in Übungsphasen, z. B. wenn Wissen rund um die Grammatik, Rechtschreibung oder Zeichensetzung angewendet werden soll. Auch im Literaturunterricht eignen sich die Bausteine, z. B. in Form eines Lektüretests, zur Zuordnung von Epochenwissen.
Sogar Audio- und Videoinhalte können in den Übungen eingebettet werden. So kann beispielsweise ein gezeigtes Video an ausgewählten Stellen unterbrochen und das Verständnis durch verschiedene Aufgaben (z. B. als Zuordnungsübung oder Multiple-Choice-Quiz) überprüft werden.
Auf der Website finden sich unter der Kategorie „Deutsch" verschiedene Unterkategorien, die vielfältige Ideen für den Einsatz des Tools im Deutschunterricht liefern.

TIPPS
- Sind einer Klassengruppe verschiedene Übungen zugeordnet, lässt sich eine Statistik einsehen, wer die Aufgaben bereits gelöst hat. So hat die Lehrkraft einen Überblick, ob sie neue Übungen einstellen muss und in welchem Tempo die Lerngruppe arbeitet.
- Eine Einsicht über das individuelle Abschneiden der Schüler/-innen gibt es nicht. Sollten die Übungen zur Diagnose des Lernstands einzelner Schüler/-innen dienen, bieten sich eher die Tools „Socrative"oder „Wizer" an.

WEITERE EINSATZ-MÖGLICHKEITEN
- Das Tool lässt sich auch in einer Erarbeitungsphase einsetzen, beispielsweise wenn ältere Schüler/-innen selbst Übungen für ihre Mitschüler/-innen erstellen.
- LearningApps eignet sich gut zur Binnendifferenzierung. Hierfür ordnet die Lehrkraft der Klassengruppe verschiedene Übungen mit unterschiedlichem Schwierigkeitsgrad zu. Schnellere Schüler/-innen können in Erarbeitungsphasen zusätzliche Übungen bei LearningApps auswählen.
- LearningApps eignet sich auch für Übungsphasen im Distanzlernen, da die die Lehrkraft eine Rückmeldung erhält, wer die Aufgaben wann gelöst hat.

Autor/-innenvita:

Elisabeth Vorspohl ist Lehrerin und unterrichtet die Fächer Deutsch und Englisch am Gymnasium St. Christophorus in Werne.
Johannes Vorspohl ist Lehrer und unterrichtet die Fächer Deutsch und Geschichte am Mallinckrodt-Gymnasium in Dortmund.

NOTIZEN

NOTIZEN

Echter Krimi, echtes Lernen!
Lernkrimis für den Deutschunterricht

978-3-589-16518-6 978-3-589-16621-3 978-3-589-16664-0

Wirklich spannende Krimis, die Ihre Schülerinnen und Schüler voller Begeisterung lesen werden. Sie begeben sich auf Spurensuche, lösen Kriminalfälle und lernen ganz nebenbei Grammatik und Rechtschreibung. Sofort einsetzbare Kopiervorlagen zu jedem Kurzkrimi mit auf das jeweilige Leistungsniveau abgestimmten Lernaufgaben. Anhand der Lösungsseiten im Heft können die Lernenden schnell selbstständig prüfen, ob sie den Fall richtig gelöst haben.

Unser Gesamtprogramm finden Sie unter
cornelsen.de/empfehlungen/unterrichtshilfen

Genial digital
Die wichtigsten digitalen Tools für Organisation und Unterricht

Buch: 978-3-589-16721-0
Buch als PDF: 978-3-589-16784-5

Digitalisierung ist auch in der Bildung unverzichtbar geworden. Dieser Band stellt konkrete digitale Tools und ihre Einsatzmöglichkeiten im Unterricht vor. Die sinnvolle, leicht verständliche und praxisorientierte Zusammenstellung digitaler Tools für jede Unterrichtsphase wird ergänzt um Tipps und Ratschläge sowie exemplarisches Arbeitsmaterial für den Unterricht.

Unser Gesamtprogramm finden Sie unter **cornelsen.de/empfehlungen/ unterrichtshilfen**

Potenziale entfalten